E. VION

CULTIVATEUR A LOEUILLY (SOMME)

LE

DROIT DE MARCHÉ

PÉRONNE

IMP. ET LIBRAIRIE RÉCOUPÉ, GRAND'PLACE, 15 ET 17

—

1868

E. VION

CULTIVATEUR A LOEUILLY (SOMME)

LE

DROIT DE MARCHÉ

PÉRONNE

IMP. ET LIBRAIRIE RÉCOUPÉ, GRAND'PLACE, 15 ET 17

—

1868

LE

DROIT DE MARCHÉ

Au moment où tant de personnes parlent et écrivent sur le *Droit de Marché*, on permettra peut-être à un cultivateur, fils de fermier, et fermier lui-même, d'en dire aussi son mot.

Qui n'entend qu'une cloche, n'entend qu'un son. La cloche du propriétaire est toujours en branle ; il n'est pas bon que celle du fermier reste muette. L'opinion publique, jugeant par défaut, finirait par ratifier la condamnation prononcée contre celui-ci, condamnation que nous croyons imméritée et dont nous voulons essayer de démontrer l'erreur.

Plaçons-nous de suite au cœur du sujet.

En regardant autour de nous, nous voyons ceci : Les terres grevées du *Droit de Marché* se louent et se vendent, en moyenne, à un prix inférieur du quart au tiers à celui des terres qui en sont exemptes. Le propriétaire est-il lésé dans son droit par cet état de choses ?

Voilà la question.

Si le fermier est parvenu à usurper un *Droit de Marché*, c'est-à-dire un droit de co-propriété, sur une terre libre, achetée libre par le propriétaire, il est évident que celui-ci est volé.

Mais si le propriétaire a acheté une terre sur laquelle il savait bien que le fermier avait un *Droit de Marché*; si, grâce à cette circonstance, il a payé deux ce qui valait trois, il n'éprouve pas le moindre dommage en louant ou en vendant sa terre les deux-tiers du prix qu'il en obtiendrait si elle était libre.

De ces deux hypothèses, nous ne prétendons pas que la première ne se réalise jamais. L'erreur et la convoitise ne sont le privilége d'aucune classe, et les fermiers n'en sont pas exempts plutôt que les propriétaires. Si j'osais recourir à la parabole, je dirais : Le Droit de Marché est un royaume dans lequel une classe de sujets paie un tribut à une autre classe. Comme les frontières de ce royaume sont mal tracées et, sur certains points, presque invisibles, la classe qui reçoit le tribut prétend toujours être dans ce royaume, et celle qui le paie croit volontiers qu'elle est en dehors de ses limites.

On a donc vu des fermiers, qui n'ont pas même pour eux la présomption du Droit de Marché, essayer cependant d'imposer leurs injustes préten- tions et y réussir. C'est là l'abus, l'Abus qui com- promet et tue le Droit. Si les fermiers étaient bien

inspirés, s'ils comprenaient leur intérêt, ils renie-
raient eux-mêmes ces frères illégitimes et repous-
seraient toute solidarité avec ceux qui cherchent
dans un usage respectable un prétexte à des entre-
prises qui ne le sont pas.

Le droit du propriétaire se soutient régulière-
ment comme tout autre droit. Il a sa place dans la
loi et sa sanction dans les arrêts de nos tribunaux.
Celui du fermier est d'une nature exceptionnelle; il
n'est écrit nulle part et n'a pas d'existence légale.
Il n'a pour titre que l'opinion réfléchie d'hommes
consciencieux et pour soutien, lorsqu'il est attaqué,
que la résistance par la force; moyen brutal que la
marche du temps et l'état des mœurs font disparaître insensiblement. Il est donc plus facile de
porter atteinte à celui-ci qu'à celui-là; et c'est ce
qui a lieu incessamment.

Nous ne voulons ni nommer, ni désigner des
propriétaires de terre notoirement grevées, et
achetées comme telles, qui sont parvenus ou par-
viennent à confisquer à leur profit le droit des fermiers sur ces terres. Nous n'avons pas, la loi et
les convenances ne donnent à personne, qualité
pour apprécier leur conduite en cette matière. Leur
intelligence et leur conscience sont leurs seuls
juges, en même temps que leurs moyens d'appréciation. Mais aucune considération ne peut nous

empêcher de citer les noms et l'exemple des propriétaires à qui cette même conscience a dicté une autre conduite.

M. Félix Lemercier, négociant connu de tout l'arrondissement de Péronne, possédait, sur le terroir de Pœuilly, mon village natal, un lot de terre que mon père exploitait à titre de fermier, titre qu'il venait d'acheter moyennant le prix de 200 fr. du setier (600 fr. de l'hectare). M. Lemercier ayant mis sa terre en vente, mon père en offrit 500 fr. et obtint la préférence sur un voisin qui en voulait donner 700. Mon père expliqua, et le propriétaire comprit qu'en joignant aux 500 fr. offerts les 200 fr. payés à l'ancien fermier, il arrivait au prix de 700 fr. qui était bien le prix de la terre libre.

Il y a bientôt cinquante ans que ces choses se sont passées. Mais mon père me les a racontées si souvent, *afin que je m'en souvienne,* que je les sais comme si elles s'étaient passées hier et que j'y eusse participé.

Dans cette affaire, le fermier avait pour lui le droit sans les moyens de le faire respecter. Le propriétaire respecta ce droit qu'il aurait pu violer, et sut rester honnête homme, sans y être contraint par la loi. Quant au voisin que je n'ai pas nommé, je suis obligé d'avouer que les cultivateurs de ce temps-là l'ont appelé *dépointeur.*

Je suis, moi-même, fermier d'une faible partie de terres que j'exploite, et pour laquelle partie j'ai payé un Droit de Marché à mes devanciers, parce que j'ai cru que ce droit existait en leur faveur. « Mon argent, » au dire d'un des adversaires du Droit de Marché, « aurait été plus utilement em-» ployé à acheter des engrais, à perfectionner mes » instruments de culture et mes assolements, etc., » etc. » Cela est incontestable et n'a pas besoin d'être démontré. Mais l'utile et l'honnête ne sont pas d'accord dans ce cas ; et je suis heureux d'établir que mon sentiment, à cet égard, est partagé par des propriétaires qui s'y soumettent encore de nos jours.

A la mort de M. Hangard, ancien notaire à Péronne, ses héritiers représentés par l'un d'eux, le regrettable M. Marchandise, m'ont proposé l'achat d'une pièce de terre dont ils étaient propriétaires et que je tenais à bail. Ils me demandaient un prix en rapport avec celui des terres libres du terroir ; et je tirais argument, pour ne pas donner ce prix, de la possession d'un Droit de Marché que je justifiais ainsi :

Je l'avais acheté à M. Eugène Trocmé, cultivateur à Malassise, dont la mère avait été réduite à vendre une bonne partie de ses propriétés, sous le premier Empire, pour exonérer ses fils du service militaire. Elle aurait pu les vendre à un voisin qui en aurait donné toute la valeur, mais qui en aurait pris possession aux yeux de tous, et qui les aurait cultivées lui-même. Et nul ne sait ce que souffre le paysan qui voit entrer dans son champ la charrue du voisin. Elle aima mieux le vendre à un citadin pour un prix moindre de moitié, en continuant *d'en jouir* comme fermière, avec un loyer en rapport avec le prix de vente.

Je racontai ces choses à M. Marchandise, qui, après en avoir vérifié l'exactitude, de concert avec ses co-héritiers, MM. Dehaussy, Eugène, et Delevacque, me donna pour 2,300 fr. de l'hectare une terre qu'il aurait pu vendre plus cher à un autre, et que j'aurais achetée moi-même 3,000 fr., si elle eût été libre.

En produisant ici des noms propres, mon intention n'est pas seulement de rendre un témoignage superflu à des mémoires honorées, ni même de montrer tout le plaisir que j'éprouve à le faire; j'ai entendu donner, aux faits racontés, un caractère d'authenticité irréfragable.

Eh bien! à présent, j'affirme que ces deux exemples s'appliquent, dans ce pays, à la majeure partie des biens d'ancienne location, et généralement à tous ceux pour lesquels on ne peut pas fournir la preuve contraire.

Oui, le propriétaire a acheté sciemment une

terre grevée de la servitude du Droit de Marché ; il l'a payée un prix inférieur à cause de cette servitude, et il ne peut, en bonne conscience, que choisir entre ces deux alternatives : ou s'accommoder de son existence, ou s'en affranchir en s'entendant avec le fermier pour la racheter.

Est-ce à dire que les terres grevées du Droit de Marché doivent se louer ou se vendre éternellement le même prix ? Assurément, non. Leur valeur change et hausse par suite de la dépréciation normale de l'argent, qui est l'étalon des valeurs ; et ce mouvement est accéléré ou ralenti par des faits généraux ou particuliers d'ordres multiples et divers, parmi lesquels l'habileté du fermier joue bien un peu son rôle. Elles doivent suivre le cours des terres libres, mais sans jamais l'atteindre, et en s'en tenant toujours à la même distance relative. Cette distance, qui est la place faite au Droit de Marché, ne s'établit pas sans difficulté, et c'est là le côté défectueux de l'institution. Nous reviendrons sur ce sujet, nous bornant en ce moment à dire que la difficulté de fixer le montant d'une dette n'en affranchit pas le débiteur.

Quelle que soit l'origine du Droit de Marché, ce droit existe autour de nous et si le fermier ne peut produire un titre, il peut invoquer loyalement

une prescription qui ne lèse en rien la partie
adverse. Nous serions donc, à la rigueur, dispensés
de rechercher cette origine et de remonter, à cet
effet, avec nos contradicteurs, jusqu'aux Croisades
où la plupart des propriétaires actuels peuvent,
comme nous, avoir eu des aïeux, mais des aïeux
sans nom et sans terres.

Cependant, j'avoue que je serais enchanté de
connaître l'historique du Droit de Marché et que,
si je le savais, j'essaierais de le vulgariser. Bien
que n'étant pas antiquaire, n'en ayant ni les goûts,
ni les loisirs, je feuilleterais volontiers de vieux
mémoires pour m'édifier sur un point si intéres-
sant. Une seule chose nous console de n'avoir pas,
sous la main, les éléments de pareilles recherches,
c'est de voir ceux qui en sont pourvus différer du
tout au tout sur leur signification.

J'ai lu, avec grand plaisir, un ouvrage manus-
crit de M. l'abbé Decagny, ouvrage que mon
savant homonyme, M. Michel Vion, d'Amiens, a
bien voulu me confier, du consentement de l'auteur, et pour lequel je sollicite ardemment les
honneurs de l'impression et de la publicité.

M. Decagny pense que le Droit de Marché est
dix fois séculaire dans les environs de Péronne;
il prouve que, dès la fin du neuvième siècle, des
particuliers donnaient leurs biens aux couvents et
en conservaient l'usufruit pour eux et les leurs

moyennant une redevance fixe et perpétuelle. En
abritant ainsi eux et leurs biens sous la crosse des
Evêques, ils espéraient échapper aux charges qui
les accablaient et aux actes de violence et de spo-
liation qui distinguaient ces temps si malheureux.
Ils échangeaient un titre brillant mais dangereux
contre une possession modeste et sûre. M. De-
çagny cite ensuite plusieurs contrats, datés des
12e et 13e siècles, relatifs à des terres données à
bail à des fermiers héréditaires. Il semble admettre
que les Croisades, grâce à l'influence de notre
célèbre compatriote, Pierre l'Ermite, ont pu
dépouiller la Picardie de ses laboureurs, et réduire
les propriétaires du sol à offrir des avantages
spéciaux, comme un fermage héréditaire, aux
serfs qui ont bien voulu rendre, par leur travail,
une valeur à ce sol abandonné. Enfin, il constate
que pendant des siècles les monarques français se
désintéressèrent de cette question, laissant fermiers et propriétaires discuter et régler leurs
différends en famille, et que ce n'est qu'en 1697
que le Grand roi prit fait et cause pour les seigneurs
dont il saignait si cruellement la personne et la
bourse dans des guerres interminables et dans les
splendeurs de sa Cour.

Enfin, l'homme de Dieu nous laisse sur ces
bonnes et loyales paroles :

« Ce Droit de Marché, d'ailleurs, a été acquis ou

» transmis avec le consentement au moins tacite des
» propriétaires. Ils l'ont reconnu implicitement par
» la perception des intrades, pots-de-vin, etc.....; et
» ils ne sauraient prétexter leur ignorance à cet
» égard, en aucun temps, à cause même du prix
» évidemment inférieur d'achat, de rente et de fer-
» mage de ces sortes de biens. Si donc les proprié-
» taires pour lesquels on a excité tant de compassion,
» abusant de leur pouvoir légal, supprimaient sans
» indemnité le Droit de Marché dont leurs terres sont
» grevées, ils en doubleraient la valeur et le revenu,
» au véritable préjudice des fermiers. Ils se trouve-
» raient dès lors dans de meilleures conditions que
» tous les autres possesseurs de l'Empire français. En
» un mot, cette mesure rigoureuse, malgré sa
» légalité intrinsèque, n'en serait pas moins, non-
» seulement une indélicatesse, une inconvénance,
» mais bien une *violation manifeste de la loi naturelle*
» *de l'équité dans le for de la conscience.* »

M. Dermigny, du Câtelet, a médité cette
importante question qu'il se propose de traiter
bientôt, et il a bien voulu me communiquer son
opinion sur l'origine du Droit de Marché. M. Dermigny ne m'en voudra pas de la rapporter ici, et
le public me remerciera d'une indiscrétion qui lui
promet l'entrée en lice d'un athlète digne de lui et
du sujet.

L'ancien président du Comice ne remonte pas
aux Croisades; il s'arrête aux guerres qui ont
ensanglanté, ruiné et presque anéanti la Flandre

et le nord de la France pendant le quinzième
siècle, sous les règnes de Charles VI et Charles VII,
pendant les querelles des Armagnacs et des Bour-
guignons et les invasions victorieuses des Anglais
de Henri V et de Henri VI, succédant à celles
d'Edouard III et du Prince Noir.

Dans ces temps barbares, les guerriers qui
assiégeaient ou défendaient les villes et les châ-
teaux n'étaient pas les plus à plaindre. Ils avaient
des armes à opposer aux armes de leurs ennemis.
Et puis, on ne se battait pas toujours ; les jeux et
la bombance succédaient aux combats et aux
privations. Les paysans, les fermiers, étaient à
l'entière discrétion de ces hommes de fer, dont le
cœur était plus dur que l'armure. Des soudards de
tous les partis avaient pu pendant près d'un siècle
mettre les campagnes à feu et à sang, détruire les
récoltes, incendier les fermes, se livrer à tous les
excès sur les personnes et faire table rase partout,
et du fermier et de ses chétifs moyens de culture.
Dans cette extrémité, les propriétaires — nobles,
clercs ou bourgeois, — durent faire des sacrifices
exceptionnels en faveur des paysans, qui furent
assez hardis pour s'exposer à de nouvelles violences
en entreprenant l'exploitation de leurs terres, et
consentirent à leur profit à une espèce d'association
tacite qui fut l'origine du Droit de Marché, non-
seulement en Picardie, mais dans l'Artois, dans

la Flandre, le Hainaut, la Champagne et l'Ile de France.

M. Dermigny, pas plus que M. Decagny, ne songe à faire du Droit de Marché le dédommagement d'avances d'argent qui aurait été remis, par les fermiers, aux nobles obérés. Ce serait faire trop d'honneur à ceux-ci, et à l'organisation sociale de ces tristes époques, que de supposer que les fermiers étaient alors en position de faire des économies et d'amasser de l'argent.

Je dois avouer de nouveau, en la déplorant, mon ignorance absolue des faits cités par ces deux défenseurs du Droit de Marché, auquel ils s'accordent à donner, pour origine, la nécessité pour le propriétaire d'attirer, sur ses terres, des hommes décidés à les défricher ou à les remettre en culture. Ne pourrait-on pas, en la généralisant, faire remonter cette explication jusqu'au temps des grands défrichements opérés dans ce pays ?

Avant de risquer cette espèce de théorie, nous faisons observer de nouveau que le bien ou mal fondé des appréciations qui vont suivre ne peut modifier en rien notre foi dans la légitimité du Droit de Marché que nous fondons sur le respect des droits acquis et non sur son origine si contestée.

On défriche aujourd'hui des terres vagues et incultes sur plusieurs points du globe, en Russie, en Algérie, en Amérique. Dans les Etats libres et égalitaires, le bras qui fouille le sol en saisit la propriété. Dans les Etats despotiques et aristocratiques, la terre a généralement un maître, un seigneur, à qui le défricheur paie une redevance. Les choses ont-elles dû se passer autrement dans la France ancienne, cette patrie d'élection de la féodalité, où a pris naissance la fameuse maxime : NULLE TERRE SANS SEIGNEUR ?

Au début, la redevance a dû être bien faible, parce que la terre rendait peu et que le maître comprenait qu'il devait être doux pour le travailleur, sans lequel elle n'aurait rien rendu. Cependant, Dieu bénit les efforts du défricheur et féconde ses sueurs : des habitants naissent, croissent et se multiplient aux lieux qui avaient été un désert. La valeur de la terre augmente ; mais le partage de cette valeur entre le fermier à qui elle est due et le maître qui n'avait qu'un vain titre dans les mains, le partage tend à se fausser et à disparaître à mesure qu'on s'éloigne du point de départ. Le souvenir du service rendu s'altère et se perd ; le titre gagne en vieillissant, loin de s'altérer.

Demander pourquoi le défricheur-fermier n'a pas fait constater ses droits par écrit, de façon à s'assurer le titre de sa possession, serait méconnaître la nature des relations qui existaient alors

entre maîtres et serfs, et les conditions fondamen-
tales de l'ordre de choses sous lequel ont vécu nos
pères jusqu'en 1789. On les méconnaîtrait bien
davantage si l'on pouvait admettre que ces nobles,
batailleurs et pillards, ne connaissant guère d'autre
droit que celui du plus fort qui était le leur, aient
pu se laisser dépouiller, par leurs fermiers, d'une
partie de leur avoir, et créer gratuitement à côté
de leur droit, un droit parasite, une usurpation
consommée par la victime contre le spoliateur
habituel.

Ainsi, nous inclinerions volontiers à voir, dans
le Droit de Marché, le salaire du défrichement ou
bien le prix de sacrifices extraordinaires dépassant
les obligations du fermier cultivant en bon père de
famille. Des circonstances insolites auraient pu
rajeunir ce droit et lui donner, à des époques criti-
ques, plus d'importance et de notoriété. Mais il
n'aurait pas pris naissance dans un fait accidentel
et particulier à une époque et à une région, il ré-
sulterait d'une pratique générale qui aurait em-
brassé, à l'origine, toutes les terres mises en culture par un autre que le propriétaire.

Dans une commune voisine de celle que j'habite,
on vient de rendre à la culture une centaine d'hec-
tares de terre plantée en bois. Le propriétaire fit
couper le bois et livra la terre nue aux fermiers

qui se chargèrent de la défricher, moyennant un Droit de Marché de 500 fr. de l'hectare qui fut reconnu dans le bail même. Le Droit de Marché, ainsi reconnu et limité, n'offre que des avantages. Il est à la fois le gage du propriétaire et la sécurité du fermier, en même temps que la garantie de la bonne tenue du sol.

L'hypothèse que nous venons d'exposer suffit pour justifier le Droit de Marché; mais elle n'explique pas comment, ayant dû exister partout d'abord, il n'est resté debout que dans un coin de la Picardie. Le système de M. Decagny le localise dans notre pays, dès sa naissance; mais celui de M. Dermigny le répand dans une grande étendue auprès de laquelle notre Santerre n'est qu'un point presque imperceptible. Nous ne connaissons pas de circonstances particulières qui aient permis à nos pères de défendre et de conserver à leurs descendants un bien que tant d'autres se sont laissé ravir, et dont nous devons sans doute la transmission à leur résistance héroïque, à leur invincible opiniâtreté.

Les épreuves ne leur ont pas manqué. L'auteur des dragonnades, cette monnaie de la Saint-Barthélemy, Louis XIV, appesantit sur eux sa main de fer. L'édit du 4 novembre 1679 enleva la connaissance

de la matière aux justices seigneuriales *jugées trop indulgentes* et les attribua à l'intendant général de la province... Il ordonna qu'en cas d'abandon des biens, les habitants de la communauté seraient responsables des loyers...

Le 3 novembre 1714, paraît un nouvel édit dont nous citons quelques dispositions :

Les anciens fermiers étaient rendus responsables des crimes commis contre les nouveaux. Il était ordonné de les arrêter sur simple dénonciation, sans autre preuve que la notoriété, et de ne les élargir que lorsqu'il serait prouvé que les crimes ont été commis par d'autres que par eux.

Plus tard on les dépouille du bénéfice légal de la tacite reconduction.

Ceux des fermiers qui ne faisaient pas leur abandon étaient tenus de payer aux propriétaires, pour la première dépouille, le double de leur fermage ordinaire. Une seconde récolte faite et même la première au mépris des défenses écrites exposaient les fermiers à être constitués prisonniers, eux, *leurs femmes* et *leurs enfants* et à être transportés aux colonies.

Les personnes et les biens des propriétaires, des nouveaux fermiers, de leurs enfants, domestiques et autres exploitants étaient mis sous la sauvegarde particulière des anciens fermiers, et des communautés — (communes.) — Les uns et les autres étaient rendus responsables des incendies, meurtres et autres excès qui pouvaient survenir.

Si les auteurs de ces crimes n'étaient connus ni arrêtés, sur une simple dénonciation et sans autre

preuve que la notoriété, les anciens fermiers déposs-
sédés, leurs femmes et leurs enfants, étaient inconti-
nent arrêtés, et, si dans les trois mois de leur empri-
sonnement, *ils ne prouvaient que les crimes étaient
commis* par d'autres, leurs biens étaient vendus jusqu'à concurrence de l'entière réparation du dommage
et ils étaient conduits aux colonies.

Est-ce assez?

Enfin 1789 arrive et la grande Révolution vint
rendre aux *vilains* et *manants* leur titre d'hommes
et faire rentrer dans le droit commun les crimes et
délits commis au nom du Droit de Marché. Depuis
lors la guerre au Droit de Marché continue. C'est
une spéculation si facile et si fructueuse de vendre
cher, comme libre, la propriété qu'on a obtenue à
bas prix parce qu'elle était grevée de servitude !..,
Et cependant, le Droit de Marché subsiste encore,
meurtri mais non abattu, objet d'ardentes con-
tradictions, mais résistant encore aux attaques
d'hommes aussi distingués par leur haute|position
que par le prestige incontesté de leur talent et de
leur caractère.

Honneur au fermier Picard !..,

On ne peut s'étonner que cette lutte défensive
du droit contre la loi ait été entachée à son tour de
violence et de cruauté. On doit le déplorer, mais
on ne peut s'en étonner. Nous sommes donc
forcé d'admettre comme vraie une partie des faits

regrettables mis à la charge des fermiers, une partie mais non le tout. Lorsqu'une épidémie sévit dans une ville, on lui attribue immédiatement les victimes des autres maladies ou accidents ; le Droit de Marché a dû porter aussi la responsabilité d'une foule de méfaits dont on n'avait pas su découvrir le mobile et les auteurs.

La justice est aujourd'hui armée de moyens et d'une puissance d'investigation qu'elle ne possédait pas alors. Ses magistrats sont savants, intègres, zélés. Pour les causes ordinaires, les populations lui viennent en aide spontanément. Et cependant, il y a peu d'années, plusieurs crimes, commis presque publiquement, sont venus épouvanter nos populations, sans qu'elle soit parvenue à jeter la moindre lumière sur l'acte même et ses circonstances, bien loin d'en avoir découvert les auteurs. Si le temps et les lieux eussent permis qu'on prît à partie le Droit de Marché, croit-on qu'on eût hésité à expliquer ainsi l'impuissance de la justice ?

On se fait difficilement une idée du désordre matériel et moral qui affligea si longtemps nos campagnes et du peu de respect qu'inspiraient le bien et même la vie du paysan. Vers l'an 1660, Louis XIV dût recourir à des tribunaux exceptionnels dont les séances s'appelaient vulgairement *grands jours*, pour terrifier les nobles félons et protéger le labourage et le commerce contre leurs déprédations. C'était à l'époque même où l'état de misère et d'abrutissement dans lequel se trouvaient nos pères a inspiré à La Bruyère ce portrait hideux que nous ne pouvons lire aujourd'hui sans une protestation de dégoût et d'horreur.

L'on voit certains animaux farouches, des mâles et des femelles, répandus par la campagne, noirs, livides et tout brûlés du soleil, attachés à la terre qu'ils fouillent et qu'ils remuent avec une opiniâtreté invincible. Ils ont comme une voix articulée ; et, quand ils se lèvent sur leurs pieds, ils montrent une face humaine ; et en effet, *ils sont des hommes*. Ils se retirent la nuit dans des tanières, où ils vivent de pain noir, d'eau et de racines ; ils épargnent aux autres hommes la peine de semer, de labourer et de recueillir pour vivre et méritent ainsi de ne pas manquer de ce pain qu'ils ont semé.

LA BRUYÈRE (1689).

Nous avons des larmes et une vive commisération pour tous les genres de martyre. Nous couvrons d'une absolution sans réserve la résistance héroïque et féroce des Polonais contre leurs bourreaux. Nous ne pouvons réserver pour nos pères, non moins malheureux, une sévérité contre nature.

La nation n'était pas riche au moment où écrivait le grand moraliste. Elle le fut moins encore après les guerres qui désolèrent la fin du grand règne, et pendant cette longue saturnale

du règne de Louis XV (ce bouquet de la fin du
droit divin), à laquelle se livrèrent avec frénésie
un monarque corrompu et une noblesse oisive et
frivole, prête à toutes les bassesses pour alimenter
ses coûteuses passions. L'impôt épargnait ses
biens et ceux du clergé ; la bourgeoisie laborieuse
et aisée prenait sa part, rien que sa part, des
charges de l'Etat et laissait rouler tout le reste sur
le paysan sans défense.

Ces êtres, qu'on hésitait à classer dans l'espèce
humaine et qui ne voyaient au-dessus d'eux que
des castes ou des ordres privilégiés et malveillants,
ces paysans serfs et parias étaient-ils si coupables,
lorsqu'ils essayaient de se réunir, de se concerter,
de se coaliser même pour mettre à l'abri des
atteintes de leurs ennemis le seul bien qui leur
restât : le droit de passer leur vie sur ce sol arrosé
de leurs sueurs et de mourir dans la chaumière où
ils étaient nés. Ils croyaient d'une foi entière à
leur droit, à un droit que la loi écrite méconnais-
sait, bien plus qu'elle condamnait absolument ; et
ils se révoltaient contre cette loi pour frapper
ceux qui violaient leur droit.

La mention des actes de violence de la part des
fermiers et les citations que nous avons faites de
la législation excessive qui les avait provoqués,
sont empruntées à M. Saudbreuil, Procureur géné-

ral à Amiens, qui a publié un discours remarquable
sur ce sujet, discours qui a captivé notre atten-
tion et auquel nous allons consacrer quelques
lignes.

Avons-nous besoin de proclamer ici notre défé-
rence, nous allions dire notre affection respec-
tueuse pour la magistrature française, pour ses
vertus, ses talents et son glorieux renom? Mais le
magistrat est l'homme de la loi, et nous sommes
en dehors de la loi. Il juge, il condamne les crimes
et délits auxquels a donné lieu le Droit de Marché.

Il voit arriver ce Droit à sa barre sous la forme
d'un spectre affreux, couvert d'un masque, por-
tant dans une main un poignard, dans l'autre une
torche dont il menace la propriété et la civilisation.
Il vit au milieu de collègues pour qui le droit
écrit est un dogme; et s'il sort un instant de ses
relations professionnelles c'est pour fréquenter un
monde qui, par son origine et par ses intérêts,
nous est entièrement étranger, je ne dirai pas hos-
tile. Aussi, malgré son grand talent et sa loyauté
incontestée, M. Saudbreuil n'est pas une autorité
irrécusable, nous ne voyons en lui qu'un juge
prévenu, et, qu'il nous permette de le lui dire,
insuffisamment éclairé. Il a deux parties devant lui
et il n'a entendu qu'un seul avocat; nous deman-
dons la remise de la cause pour audition de l'autre
partie.

L'honorable magistrat paraît avoir pressenti le vice de cette situation ; et, après avoir posé sévè-rement ses prémices, il hésite et paraît embarrassé dans ses conclusions. Il affirme d'abord et il s'ingénie à prouver que le Droit de Marché est le vol, puis il finit par inviter — assez mollement — le propriétaire à tenir compte de ce droit qui, selon lui, n'existe pas, et à le racheter *par délica-tesse*. Le mot délicatesse ainsi employé signifie fine fleur de l'honnêteté ; il en est la susceptibilité et quasi l'exagération. Eh bien ! nous n'acceptons pas la question ainsi posée ; nous nous plaçons carrément en face du propriétaire et nous le ren-fermons dans le dilemme suivant :

Ou le Droit de Marché existe sur vos terres, et alors vous ne pouvez le faire disparaître qu'en vous entendant avec le fermier pour le racheter ;

Ou il n'existe pas, et vous ne devez rien au fer-mier qu'un congé en bonne et due forme, lorsqu'il vous plaît de lui enlever vos terres.

Quant à un semblant de rachat, quant à une appréciation de l'indemnité faite soit par le pro-priétaire lui-même, soit par un arbitre désigné par lui seul, cela n'est pas sérieux et ne sera jamais accepté.

Enfin, nous regrettons de trouver dans le bril-lant travail qui nous occupe des accusations peu

justifiées contre la classe des paysans en général.
Le paysan serait, par grâce d'état, en quelque
sorte, particulièrement avide, sournois, déloyal ;
il serait à peu près inaccessible aux nobles senti-
ments qui sont l'apanage des autres classes de la
société.

L'empire des traditions est très-puissant dans
les campagnes. Le père y élève lui-même son fils ;
il lui raconte avec détails, il grave dans sa mémoire
les faits qu'il a observés lui-même, et ceux qu'il
tient de ses pères ; puis il en tire des enseignements
qui servent de ligne de conduite à son fils et à sa
descendance. Il se crée ainsi à la campagne un
fonds d'idées qui cesse d'être particulier à la famille
et qui forme une sorte de domaine commun à la
tribu entière, dont il est la sagesse, comme les
proverbes sont la sagesse des nations. Comme ce
fonds d'idées s'accroît et se renouvelle très-lente-
ment, il peut se trouver en retard sur la marche
des événements et conduire à des appréciations qui
ont perdu de leur exactitude en perdant de leur
opportunité.

Le père ne dit pas à son fils : sois déloyal, sournois ; mais il lui dit : sois prudent, réservé ; ne
t'engage qu'à bon escient, et sois toujours en garde
contre les piéges du château et de la ville.

Le père cède trop facilement, en parlant ainsi,
aux réminiscences d'un passé sans retour. Mais il

est dans le vrai lorsqu'il ajoute , non pas : sois avide; mais bien : sois économe autant que laborieux, dépense peu dans un métier qui est un gagne-petit. Ne te laisse jamais aller aux séduisantes rêveries des spéculations aventurées. Ton avoir, ta dignité et ton indépendance sont à ce prix.

Telle qu'elle est , avec ses défauts et ses qualités, la classe des paysans est la pépinière où viennent se recruter les autres classes de la société, la seule qui puisse se suffire et se perpétuer sans l'infusion d'un sang étranger, la seule indispensable à l'existence des nations qui périssent lorsqu'elle s'éteint. C'est l'étoffe même dont la nation est faite ; le reste n'est que broderie et décor.

CONCLUSION

Des esprits plus absolus que pratiques semblent réclamer une solution générale et immédiate, comme une sorte d'expropriation du Droit de Marché avec indemnité payée par le propriétaire au fermier.

A-t-on bien réfléchi aux difficultés d'une pareille tâche? Un propriétaire et un fermier qui se mettent facilement d'accord à chaque renouvellement de bail, et qui vivent dans une harmonie parfaite, ne pourront s'entendre lorsqu'il s'agira de déterminer la valeur de l'objet à racheter et entreront dans des difficultés qu'aucune commission ne saura résoudre à leur commune satisfaction. De sorte qu'en vue de prévenir un danger peut-être imaginaire on aura créé un danger réel et sérieux.

L'intérêt de l'Agriculture ne réclame pas une pareille réforme. Loin d'en profiter, il en souffrirait plutôt. Le Droit de Marché qui donne au fermier le temps et la sécurité, lui permet de tenter des améliorations qui effraient le tenancier précaire, celui qui n'a souvent en mains qu'un bail de neuf années.

On objecte qu'il est d'ordre public que le propriétaire puisse disposer de sa chose, et qu'en admettant même que le fermier ait un droit de copropriété, il n'est pas bon que celui-ci puisse paralyser la liberté d'action de celui-là en lui imposant pour leur commune possession un état d'indivision infrangible.

On oublie ici que le Droit de Marché est en dehors de la loi, qu'il a même été mis longtemps *hors la loi* par des mesures dont la barbarie a égalé l'impuissance, et que lui imposer un régime légal quelconque, c'est-à-dire une règle générale et inflexible, est tout bonnement chose impossible. Là où le **Droit de Marché** est éteint, la loi serait sans objet. Pour un droit pareil, la possession d'état est tout ; quand la possession a cessé, il ne reste plus rien. Là où il existe encore, il résisterait aussi facilement à la loi qui le limiterait, qu'il résiste aujourd'hui à la loi qui lui refuse l'existence même. Ce ne sont pas les textes qui manquent aux propriétaires, ce sont les moyens de les faire exécuter.

L'état d'indivision dont on se plaint n'a pas non plus la rigueur qu'on lui attribue. Quant au fermier, il trouve toujours un voisin qui achète volontiers sa part. Le propriétaire ne manquera pas de preneurs pour la sienne. Il a d'abord son fermier, puis tout propriétaire étranger à la localité qui achètera sur le pied du fermage. Il n'y a que le

cultivateur de la localité même qui n'est pas admis
à l'acheter, parce qu'on suppose qu'ayant les
moyens, il pourrait avoir le désir d'exploiter lui-
même; c'est-à-dire de déposséder le fermier, et de
confisquer son Droit de Marché.

Mais on dit : dans certaine commune de l'arrondissement de Péronne, le fermage n'a pas aug-
menté de mémoire d'homme ; et, conséquemment,
la propriété y vaut encore ce qu'elle valait il y a
cent ans, tandis que le Droit de Marché y a acquis
une valeur double ou quadruple, une valeur qui
dépasse celle de la propriété. Est-ce juste ?

Il s'agit ici d'une exception et d'une exception
presque unique ; car on cite toujours la même commune. Le jugement que nous porterions sur ce cas
particulier ne serait donc pas applicable à la géné-
ralité. Ce n'est pas tout ; pour juger, je voudrais
voir les choses de près, m'en rendre compte rigou-
reusement et apprécier si on s'en plaint parce
qu'elles causent un dommage ou seulement parce
qu'elles ne permettent pas le profit qu'on convoite.
Mais supposons que le récit soit exact, entièrement
exact, cela prouverait que le fermier fait ici ce que
le propriétaire fait ailleurs, c'est-à-dire qu'il abuse.
Le propriétaire peut abuser lorsqu'il sait qu'il y
aura concurrence pour la location de sa terre ; le
fermier peut abuser lorsqu'il sait que cette concurrence manquera. Et c'est là le grand inconvé-

nient du Droit de Marché. Mais en quoi une dispo-
sition légale pourrait-elle améliorer le sort du
propriétaire? Disons-le encore une fois, ce qui lui
manque, ce n'est pas un texte de loi, mais un fermier nouveau qui consente à déplacer l'ancien.

L'intervention du gouvernement dans cette affaire
serait donc sans effet utile et ne pourrait pas se
substituer à la libre entente des partis.

La seule conclusion que nous donnerons à ce
travail sera un conseil aux fermiers, nos confrères,
nos amis. N'élevons, ne soutenons jamais de pré-
tentions au Droit de Marché, à moins qu'en notre
âme et conscience elles ne nous paraissent solide-
ment fondées. On ne croit pas un menteur; ne
réclamons jamais à tort si nous voulons être écoutés
lorsque nous réclamerons avec raison. Il ne faut
pas se faire d'illusion. Le Droit de Marché, qui
n'est écrit nulle part, ne peut se faire respecter
aujourd'hui que s'il repose sur l'équité. La violence, indigne de nous, n'imposerait pas à l'opinion. Pourquoi d'ailleurs chercher à l'intimider
quand nous pouvons la convaincre? Défendons
notre cause par des écrits adressés au public, par
des discussions entre particuliers et par des exper-
tises loyalement organisées.

La résistance appuyée sur la justice et respectée
par l'assentiment sympathique des cultivateurs

voisins, telle est la seule arme que nous laissions au fermier, avec la conviction qu'elle lui suffira. Elle lui conciliera l'opinion des honnêtes gens, qui console et refait le courage alors même qu'elle ne donne pas la victoire.

S'il y a des propriétaires décidés à repousser les réclamations que des publicistes complaisants ou mal informés proclament injustes, il s'en trouverait peu aujourd'hui, on n'en trouverait pas qui entreprissent de s'approprier un bien qu'ils sauraient appartenir à un autre.

Nous avons hésité longtemps à traiter cette question si délicate des rapports des fermiers et des propriétaires dans notre région. Mais nous avons été précédés et provoqués dans l'arène où nous descendons tardivement par des adversaires dont la valeur et la bonne foi ne permettent pas aux partisans du Droit de Marché de garder plus longtemps un silence qui passerait pour un acquiescement, et presque pour un aveu.

Nous avons loyalement exprimé notre opinion, sans parti pris qui puisse la fausser, mais en développant surtout les raisons du fermier, parce qu'elles sont peu connues et qu'elles manquent en quelque sorte au débat. Nous sommes de race agricole, fermière, paysanne. Tout ce qui touche à l'agriculture est frère pour nous. Mais ce n'est pas à ce sentiment de famille que nous avons cédé, ni même à l'instinct généreux qui nous pousse au secours du faible contre le fort. Nous combattons pour le droit tel qu'il nous apparaît. Nous sommes avant tout l'amant de la vérité, « qu'on est indigne d'aimer quand on aime quelque chose plus qu'elle. » *Amicus Cato , sed magis amica veritas.*

E. VION,

Cultivateur à Lieuilly, par Roisel (Somme).

Mai 1868.

Péronne, Typ. Récoupé.

www.ingramcontent.com/pod-product-compliance
Lightning Source LLC
Chambersburg PA
CBHW070738210326
41520CB00016B/4490